AUX ALGÉRIENS.

L'ALGÉRIE

ET LA

QUESTION D'ORIENT

PAR

FERDINAND CAMBON.

CONSTANTINE
L. MARLE, IMPRIMEUR-LIBRAIRE
Rue d'Aumale, 2

PARIS
CHALLAMEL, ÉDITEUR-LIBRAIRE
Rue Jacob, 5

1876

AUX ALGÉRIENS.

L'ALGÉRIE

ET LA

QUESTION D'ORIENT

PAR

FERDINAND CAMBON.

CONSTANTINE
L. MARLE, IMPRIMEUR-LIBRAIRE
Rue d'Aumale, 2

PARIS
CHALLAMEL, ÉDITEUR-LIBRAIRE
Rue Jacob, 5

1876

AVANT-PROPOS.

Celui qui écrivait ces lignes avait pu croire que le moment de les publier était passé, que la question d'Orient était mûre ; que, malgré l'infériorité numérique des Serbes, la Turquie serait finalement vaincue par ses tributaires unis contre elle, et, qu'enfin, les Turcs, devenus vassaux eux-mêmes, repasseraient peu à peu le Bosphore, comme, du XIIIe au XVIe siècle, les Maures d'Espagne repassèrent le détroit de Gibraltar.

Pour le moment présent, il n'en est rien : le dévoûment de quelques Russes est impuissant, et les Serbes sont abandonnés.

Seule, la diplomatie les aidera,... aussi utilement qu'une douairière quêteuse soulage les misères invétérées.

Pauvre Serbie ! pauvres Bulgares !...

En vain, la grande voix de Garibaldi s'est élevée, indiquant aux jeunes hommes de toutes les nations la voie à suivre !

En vain, Victor Hugo a jeté son manifeste !

En vain, les cœurs ont battu !

En vain, répercuté par le *Temps*, par la *République française*, par tous les échos de la presse, le cri d'agonie de toute une nation s'est étendu, s'étend encore !...

Rien n'a bougé !

Et cependant, la France a des centaines de mille francs à envoyer à l'exposition industrielle de Philadelphie, et des millions pour sa propre exposition.....

En vain, l'Allemagne, dans sa force, sinon dans sa tranquillité, a des centaines de généraux et des millions d'hommes pour ses grandes manœuvres !

En vain, la Russie se sent aimée de la France et appuyée par l'Allemagne !

En vain, les trois empereurs ont cru s'entendre !

En vain, l'opinion, sinon le gouvernement, de l'Angleterre s'est émue jusqu'à demander une enquête !

Et plus vainement encore, l'Europe est chrétienne de la Finlande à l'Espagne !...

Rien n'a bougé !

Et le XIXe siècle aura vu la France mutilée et l'idée de civilisation obscurcie.....

Il aura vu une monstruosité qui n'étonnera cependant pas ceux qui observent la logique des choses et des événements.....

Il aura vu, dis-je, la papauté sourde aux cris

des chrétiens, sourde à ces cris de vierges et d'enfants, et prête à anathématiser les martyrs, à bénir le bourreau !

C'est qu'elle a des rentes turques ; c'est surtout que pour le Quirinal, la croix grecque, l'Eglise de Photius est ce que serait pour le boutiquier du coin, la boutique adverse.

Urbain II est mort ; Pierre l'Ermite, un autre Français, ne lui survécut guère, et huit siècles passés sur la papauté ont vu l'esprit des rentes succéder au génie des Croisades, ont fait éclore l'infaillibilité, et vu encore l'Immaculée-Conception couvrir de ses voiles blancs le viol des vierges bulgares.

Tant, ô ma patrie ! sont amers les fruits de l'absolutisme.

Urbain II est mort, bien mort, et les Baudouin d'aujourd'hui, les Lusignan devenus chevaliers papalins sont ultramontains et droitiers : leur patrie est à Rome, dans la poussière des sacristies, sous la mule du pape.

D'autres sont morts aussi, et Flourens a été tué, lui qui se battait en Crète.

D'autres sont morts, et le vieil esprit, le vieux sang gaulois semble endormi et caillé, et il l'est en effet sur les bords d'une plaie encore large ouverte.

Et c'est pourquoi, seule dans l'immobilité de l'Europe, la France est excusable.

L'ALGÉRIE
ET
LA QUESTION D'ORIENT.

Du 20 Mai 2876.

I

Je trouve dans mes notes ces quelques lignes :

« Dans le monde des idées, la question algé-« rienne n'est pas de si petite famille qu'elle n'ait « en Europe des parents qui occupent plus ou « moins l'opinion.

« La question d'Orient est au moins sa sœur « aînée.

« Et il est autant à désirer que cette sultane « Validé, cette Sublime-Porte, cette question « d'Orient repasse le Bosphore et s'établisse *pro-« visoirement* en Syrie, qu'il l'est aussi de voir « notre question algérienne, quelque peu Ouled-

« Naïl et maraboute, repasser le Désert et s'y « marier avec le roi de Dahomey, à moins qu'elle « ne préfère retourner en Arabie. »

J'écrivais ceci il y a quelques jours, projetant des lettres sur la question turco-algérienne, lorsque l'assassinat de Salonique est venu me rejeter plus avant dans mes pensées. Certes, je plains les victimes, mais je ne saurais avoir le même sentiment pour les nations offensées.

Que l'empire ait soutenu la Turquie, c'était dans son rôle d'empire ; que l'Allemagne ait sa politique vis-à-vis de la Porte, vis-à-vis de l'Orient, c'est dans son rôle d'allemande.

Mais tous les succès de M. de Bismark, toute la sérénité de l'empereur Guillaume ne sauraient me persuader qu'il est digne d'un peuple qui voudrait être grand d'envoyer en Algérie des professeurs à lunettes d'or, parlant discrètement le plus pur arabe, chargés de sonder les *cœurs* indigènes et d'y laisser des ferments qui éclateront le jour où l'Allemagne pourra craindre de voir les Français réclamer un héritage.

Oui, qui n'a vu ces X... ou autres tristes personnages qui n'ont pas même le mérite du danger couru, préparer en pleine paix, dans notre hospitalière Algérie, la ruine des populations qu'ils parcourent, savants qui avilissent ainsi sans pudeur aucune ce beau titre de professeur.

Devant les Européens, ils ne parlent guère ; pour s'adresser aux Arabes, ils demandent un truchement ; et, seuls devant eux, ils savent leur dire, dans un à-propos préparé, ces citations à effet, ces mots creusés ou profonds, qui, partis de la haine, réveillent les haines arabes et les préparent pour le grand jour, toujours promis.

Eh bien ! ces vils espions font partie de cette politique allemande, dont le travail de guerre préparatoire se fait par ces gens qui s'assiéraient à votre foyer, qui, parcourant le pays, s'arrêteront dans une ferme isolée où le colon, n'écoutant que son premier mouvement, les recevra avec cette cordialité que tout voyageur a éprouvée..... pour qu'un jour cette ferme soit le théâtre des scènes qui ont à jamais illustré la mosquée de Salonique.

Telles sont cependant les résultantes de cette politique, la même en Orient, en Turquie, en Algérie ; si bien, qu'il est à croire que M. X..., retour d'Algérie, place en Syrie l'or neuf de Guillaume et les citations de Mahomet.

Il semble aussi que la politique de la France en Algérie, en Orient, devrait être tout autre qu'elle n'a été sous les deux empires.

Mais, ici, en face même du génie républicain qui nous dévoile notre avenir, il nous semble utile de faire un retour sur le passé.

Du 25 Mai 1876.

II

Ce passé de la politique française en Orient n'a rien que de triste.

Sans remonter à Choiseul et à Louis XVI soutenant les Turcs, l'histoire nous montre les deux empereurs français menés bien différemment à cette même ligne de conduite.

En effet, le premier, malgré son génie, qui lui montrait comme bien prochaine la chute du vieil empire ottoman, était, par les fautes de son orgueil, amené à rechercher même son alliance, et le second, troisième du nom, un peu histrion, imitait tantôt César et tantôt son oncle, imitait aussi sa politique, et on sait bien que la politique était le côté faible de ce grand homme de guerre.

Thiers, dans son *Histoire du Consulat et de l'Empire*, nous en dévoile toute la faiblesse.

C'est que, peut-être, de politique, il n'en est de grande et profitable que d'avoir de grands et d'avouables desseins, pour soi désintéressés. La *linea recta brevissima* étant bien la seule où l'on ne puisse être distancé. Mais, à coup sûr, cette ligne n'était point celle des Napoléon.

Et c'est surtout en relisant cette *Histoire du Consulat et de l'Empire* qu'il nous a paru combien se trompait le premier empereur au détriment des véritables intérêts de la France, en ne permettant pas à Alexandre Paulowitz de liquider la succession déjà ouverte des Osmanlis.

Alors, comme aujourd'hui, cette Turquie était une tache sur la carte de l'Europe, et c'était, comme c'est encore, faire œuvre de civilisation que de remplacer le croissant de la flèche de Sainte-Sophie par une croix grecque ou latine.

Un des plus grands intérêts de la France, le plus grand même, est de ne rien faire contre cette œuvre de civilisation. Elle doit à son passé, à son avenir, de marcher de pair avec les premières nations civilisatrices du globe.

Et, quant à nos intérêts matériels, en quoi eussent-ils été compromis de ce que le czar pût habiter Constantinople ?

A ce prix, très-probablement, la Pologne eût été reconstituée, et la Russie eût perdu au nord ce qu'elle aurait cru gagner au midi.

Je laisse aux penseurs à apprécier de combien les peuples du nord sont supérieurs aux méridionaux, et ce qu'il adviendrait de la cour de Russie sous le dissolvant climatérique du Bosphore.

Sous ce climat tiède et moite, l'ours du nord perdrait assurément plus que moitié de sa redoutable vigueur.

Quant à la plus grande étendue de cotes maritimes qu'eût gagné l'empire de Russie, je demande de bonne foi ce que, dans le même ordre d'idées, perd la France à ce qu'il y ait de par le monde une nation dont la marine puisse rivaliser avec celle de l'Angleterre?

Je demande encore si c'est l'immense étendue qui fait la force des empires, et si sous le multiple rapport de l'étendue, de la force, de la position géographique, de la longueur de côtes, de la fertilité, de la race même, la France peut avoir quelque chose à envier, et s'il faut la vouloir jalouse?...

Cette faute du premier empire, rusant avec le rusé Alexandre, trompeur et trompé, cette faute, dis-je, se retrouve dans les erreurs de l'inconscient Napoléon III. On le voit s'allier avec l'Angleterre, tirer pour elle les marrons du feu, et partager avec Palmerston et le Grand-Turc la gloire de trois ou quatre contre un.

Et cela, je le sens bien, à l'encontre du sentiment intime de la nation, qui, sage, voulait la paix et le travail, au lieu de guerres lointaines et de fausses gloires, et, sympathique à la race slave et russe, eût voulu ne pas s'en aliéner les sympathies.

Ce que, d'autre part, cette politique avait de funeste au point de vue algérien, il est facile de l'imaginer, et je tâcherai de le dire.

Du 30 Mai 1876.

III

Les chats ne sont pas des chiens, et ce qui était funeste à la France ne l'était pas moins à l'Algérie.

Comme la Tunisie s'appuie sur la Turquie, l'Algérie sur la Tunisie, ce cadavre musulman s'étend de la Turquie au Maroc. Donner des forces à la Turquie, c'était galvaniser ce cadavre, c'était donner des forces au mahométisme de l'Algérie.

Le mahométisme n'admet pas de transactions, et on le verra bien lorsque dans son dernier effort avant de rouler dans le Bosphore, le Turc saisira à la gorge son adversaire victorieux.

Terrible moment ! Mais la victoire n'est pas douteuse.

Car l'Idée est dominatrice, et l'Idée, c'est le Progrès.

Et le Progrès, la loi morale seule le garantit.

Cette loi morale a un signe représentatif qui est l'Évangile, et, pour nous, nous sommes de ceux qui croient à son triomphe définitif, tant la civilisation nous paraît ne pouvoir exister qu'en faisant cause commune avec la religion chrétienne.

Mais cette religion n'est point le papisme.

Le Christ, cette irradiation de la Divinité dans l'œil humain, n'est pas mort à Rome ; il n'est pas mort seulement à Jérusalem ; il est mort partout où le sang des victimes a coulé, partout où le bourreau s'est réjoui.

Et si, dans une mansarde de faubourg, ou sous un toit de chaume, Jésus revenait, il verrait Rome comme il vit le temple de Jérusalem, et dans l'ultramontanisme, la forme nouvelle du pharisaïsme du jour.

Il faut en certaines questions avoir l'esprit arrêté. Le nôtre l'est en-deçà des Alpes, et c'est à l'aspect de ces sommets qui sont comme des points de corrélation entre la nature et l'histoire, que notre patriotisme s'est avivé.

C'est au couchant de ces murailles divines que doit vivre et se développer la grande famille française, se suffisant à elle-même et prête à aider les autres familles dans la limite du possible et du juste.

Puis, il est, comme l'Algérie, des terres à civiliser, et ceux-là que leur destinée y porte ont d'autres luttes à soutenir.

Des luttes et un devoir ; celui-ci, tout entier, à faire dominer l'idée qu'ils représentent. Cette idée est la civilisation. Rien, à cette civilisation, ne peut être plus contraire que de donner des forces au mahométisme.

Assurément, notre intervention en Orient en

1855 lui donna une vie nouvelle, un sang nouveau. Les Musulmans purent croire que la puissance, la vitalité françaises s'infusaient aux veines des Osmanlis, et qu'à son tour la Sublime-Porte prêterait au génie français, au moins en partie, l'exacerbation de son fanatisme.

La féodalité, la nationalité arabes seules en profitèrent, et, pour la tranquillité trompeuse d'un moment, les colons français durent voir s'assombrir les jours à venir, comme devant une éclaircie, entre deux nuages prêts à se joindre.

Tandis que, sans intervenir en Turquie, mais laissant sans s'y mêler se dérouler les événements lointains, traitant en Algérie le mahométisme lui-même comme une chose à nous étrangère, il eût fallu être vis-à-vis de lui, nous l'avons dit en d'autres temps, comme devant ces maisons construites en dehors des alignements et que la loi a frappées, mais qu'on laisse subsister *sous défense de les réparer,* alors que la force des choses les condamne à une ruine prochaine.

IV.

SIGNES DU TEMPS.

Il n'est, peut-être, *de grands exemples que chez les petits (humiles).*

Le mouvement qui s'accentue, à cette heure, dans la nation anglaise en serait une preuve.

Tandis que les grands, le gouvernement, décorés, affublés de titres nouveaux, s'y préoccupent d'une domination exclusive, le peuple s'émeut, s'assemble, et réclame pour les Serbes et les Bulgares.

C'est beau et c'est grand.

Grandes sont aussi les causes premières de cette émotion.

Le cœur humain, il est ce qu'il était. Il ne faut point chercher en lui : *homo sum.* C'est la source, et non le fleuve.

Ces grandes causes déterminantes, sinon premières, sont l'instruction et la presse.

Ce peuple qui s'émeut est instruit. Il sait quelles sont les responsabilités qu'une nation court devant l'histoire. Il est informé, il a lu. Ce sont les journaux, c'est-à-dire la presse.

Et, de son poids, de sa masse, il pèsera, puis poussera le gouvernement, et le dirigera dans son véritable intérêt, car personne n'a intérêt à rien faire d'injuste, tant sont promptes et inévitables les conséquences des choses et des actions.

Il est à croire qu'un jour viendra où tous les peuples seront instruits, où l'ignorance ne sera plus un des principes de gouvernement, où les solidarités s'établiront, où interviendra une sorte de Code international.

Et un des articles de ce Code sera que : « *Les* « *pays de colonisation sont déclarés neutres et mis* « *dans tous les cas de guerre sous la protection im-* « *médiate des nations signataires du traité.* »

Ce thème mérite assurément les méditations des hommes d'Etat.

Aujourd'hui, les événements se précipitent, et le Progrès peut, devant le cléricalisme et le fanatisme liés, surexcité lui-même, faire des pas de géant.

A nous de le suivre.

Et si vous voulez justifier les formidables armements, les engins terribles, grandissez les buts à atteindre, moralisez la guerre, proportionnez les résultats.

Mettez hors la loi Dahomey et sa séquelle, déclarez l'Inde, les côtes et l'intérieur de l'Afrique, l'Océanie, terres neutres ou de colonisation et de protection.

Pour l'instant, de persuasion ou de force, imposez silence aux canonnades, liez les bras aux exécuteurs en Bulgarie et en Serbie, appelez la

Turquie à la barre, et proclamez de droit et de fait l'indépendance des populations chrétiennes, — vous aurez fait des pages d'histoire.

Pour cela, il faut des peuples instruits, qui, quelle que soit leur formule de gouvernement, puissent, informés, éclairés, diriger eux-mêmes leur conduite, peser sur leurs destinées, sans les laisser aux méfiances, aux préméditations, aux rancunes, aux appétits, aux compromissions ou à l'héroïsme guerrier des féodalités de tout âge.

CONCLUSION.

Si, dans ces pages hâtives, j'ai pris la plume, encore que je sache le danger qu'il y a à écrire, comme à accepter le métier de détourner sur soi les orages, c'est par devoir, et aussi, par une sorte de prudence.

Car j'ai signalé le danger en Algérie, j'ai dit où il est, tout en essayant de refléter cette solidarité de la question algérienne à la question d'Orient.

Si démontrées que soient les excellentes intentions d'un gouvernement, je crois qu'il est bon que chacun l'aide, l'avertisse, comme il le serait de répéter les mots d'ordre et de ralliement dans cette bataille de la vie.

Et si je ne redis pas, après d'autres, les mesures à prendre contre cet ennemi debout, couché, visible et invisible, que Napoléon III tenta de placer sur un pavois sous le nom de Royaume arabe, c'est parce qu'elles sortent du cadre que je me suis tracé.

Et cependant, je ne puis m'empêcher de dire

qu'il y a beaucoup à faire et qu'il faut se hâter, autant dans l'ordre matériel : travaux publics, chemins de fer, attributions de terres, que dans l'ordre administratif : suppressions dans la judicature musulmane, destruction de la féodalité indigène, et tout ce que cette esquisse de programme peut indiquer.

Tébessa, le 15 septembre 1876.

www.ingramcontent.com/pod-product-compliance
Lightning Source LLC
LaVergne TN
LVHW010305230826
846091LV00007BB/2723

* 9 7 8 2 0 1 3 2 6 1 4 1 8 *